Heike Rissmann

Window Color Frühlingszeit

CHRISTOPHORUS
BRUNNEN-REIHE

Inhalt

Frühlingszeit

Wenn das Wetter etwas milder wird und überall die ersten Knospen zu sehen sind, möchte ich mir auch ein Stück Frühling ins Haus holen und meine Wohnung frühlingshaft dekorieren. Ihnen geht das sicher genauso. Ganz wichtig sind dabei für mich die Fenster. Mit Glas-Design entstehen wunderschöne Fensterbilder in leuchtenden Farben.

In diesem Buch habe ich meine schönsten Frühlingsmotive für Sie zusammengestellt: bunte Blumen, Blütenkränze und jede Menge Schmetterlinge. Auch Bienen, einen Zwerg und einen Pfau werden Sie finden. Die meisten Motive lassen sich untereinander kombinieren, so dass Sie ganz nach Lust und Laune variieren können.

Übrigens: Auch Freunde und Bekannte freuen sich sicher über ein selbst gemaltes Mitbringsel aus Glas-Design.

Und nun wünsche ich Ihnen viel Spaß beim Malen und Dekorieren!

Heike Rissmann

So gehts

1 Das gewünschte Motiv vom Vorlagebogen abpausen und unter eine durchsichtige Folie legen. Alle Folien aus Polyethylen (PE) oder Polypropylen (PP) sind geeignet. Sehr gut lässt sich auf Prospekthüllen malen: Die Vorlage in die Hülle schieben – und nichts kann mehr verrutschen. Für größere Motive gibt es im Fachhandel Folie von der Rolle. Die Umrisse des Motivs mit Konturenfarbe nachziehen, entweder direkt aus der Flasche oder mit einer Guttadüse (0,6 – 0,9 mm ø). Dabei langsam, gleichmäßig und nicht zu dünn arbeiten. Die Konturen müssen dicht geschlossen sein. Kontur etwa 6 – 8 Stunden trocknen lassen.

2 Die einzelnen Flächen deckend ausmalen. Dazu einen Farbklecks auf ein Feld geben und die Farbe mit der Flaschenspitze oder mit einem Zahnstocher verteilen. Darauf achten, dass die Flächen bis zur Kontur geschlossen sind und der Farbauftrag nicht zu dünn ist, sonst zerreißen die Bilder beim Ablösen. Große Flächen immer in einem ausmalen, da die Farbe am Rand schnell antrocknet und sonst Ränder entstehen. Nach etwa 24 Stunden sind die Motive getrocknet. Dann kann das Bild vorsichtig von der Folie abgezogen und am Fenster oder auf anderen glatten Untergründen angebracht werden.

Tipps & Tricks

■ Alle Glas-Design- Farben der Firma C. Kreul sind untereinander mischbar. Alle Farbtöne können mit Schneeweiß aufgehellt oder mit Schwarz abgedunkelt werden.

■ Beim Mischen rühren und nicht schütteln, damit keine Luftblasen entstehen. Blasen mit einer Nadel aufstechen und eventuell entstehende Löcher mit Farbe füllen.

■ Zu dickflüssige Farben vor dem Malen erwärmen, z. B. auf der Heizung. Farbe „Perlmutt" in kreisenden Bewegungen auftragen. So entsteht eine sehr schöne Marmorierung.

■ Falls die Konturenlinie nicht exakt oder ein Bogen nicht schön liegt, warten, bis die Farbe getrocknet ist und die trockene Linie einfach umlegen, ein Stück einfügen oder herausschneiden. Das wird sauberer, als wenn Sie die feuchte Farbe wegwischen.

■ Ist ein Farbauftrag nicht so gut gelungen, nach dem Trocknen die Stelle mit der Schere entlang der Konturenlinie herausschneiden. Dann neu bemalen. Die Trockenzeit beachten!

■ Die Farben „Kristallklar" und „Glitzer-Gold" benötigen mindestens 24 Stunden Trockenzeit. Am besten erst abziehen, wenn alle Stellen transparent sind.

■ Sie können auch Farben ohne Konturen nebeneinander setzen. Dann verlaufen sie aber leicht. Um das zu verhindern, z.B. bei den Schmetterlingen, erst die eine Farbe trocknen lassen, dann die nächste auftragen.

■ Die Punkte in den Schmetterlingsflügeln außerhalb des Schmetterlings vorbereiten. Wenn sie getrocknet sind, vorsichtig anbringen.

■ Effekte mit Glitzerfarben immer zum Schluss anbringen.

■ Je kühler die Unterlage, desto besser lassen sich die Fensterfarben abziehen. Also: Nicht versuchen, Motive von einem sonnenbeschienenen Fenster abzulösen. Sie können leicht einreißen! Aber Achtung: Zu kalte Motive reißen beim Ablösen auch. Dann mit einem Fön erwärmen.

■ Fertige Motive nicht aufeinander legen. Sie kleben zusammen. Immer eine Schicht aus entsprechender Folie dazwischen legen.

■ Für die Mobiles auf Seite 16 Schmetterlinge und Blumen auf stabile Folie (im Handel erhältlich) auftragen. Genügend Platz zwischen den Motiven lassen, um sie nach dem Trocknen großzügig ausschneiden zu können. Mit einem Faden die Einzelteile verbinden.

Blütenkranz

Kontur

- Gold
- Grün transparent

Farben

- Sonnengelb
- Kirschrot
- Schwarz
- Magenta
- Orange
- Maigrün
- Royalblau
- Violett
- Schneeweiß
- Weiß irisierend
- Kristallklar
- Glitzer-Gold

Vorlagen

A1 – A2

Pfau

Kontur

- Gold
- Schwarz

Farben

- Schwarz
- Schneeweiß
- Maigrün
- Olivgrün
- Orange
- Royalblau
- Glitzer-Diamantblau
- Glitzer-Gold

Vorlage B

Die Punkte auf den Federn, der Krone und dem Kopf nachträglich mit Glitzer-Gold aufbringen.

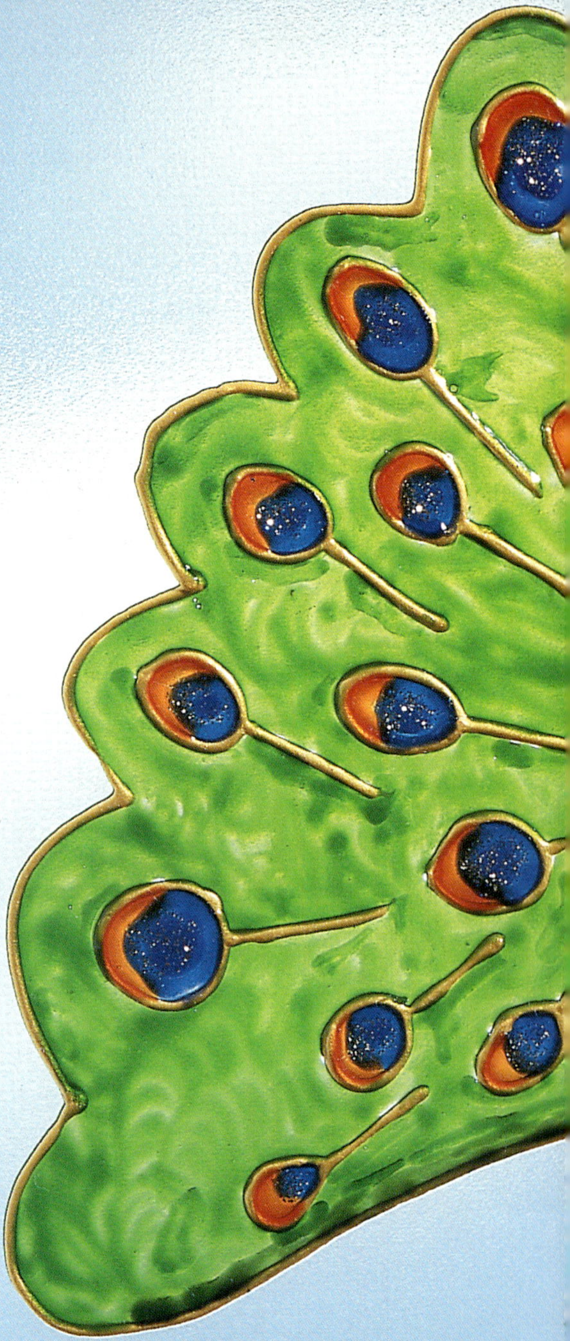

Schmetterlinge

Kontur
- Gold

Farben
- Magenta
- Maigrün
- Sonnengelb
- Kirschrot
- Orange
- Fleischfarben
- Royalblau
- Violett
- Schneeweiß
- Weiß irisierend
- Gold
- Glitzer-Gold
- Glitzer-Diamantblau
- Kristallklar

Vorlagen
C1 - C5

Frühlings-beet

Kontur

- Gold
- Grün transparent
- Schwarz

Farben

- Sonnengelb
- Orange
- Kirschrot
- Maigrün
- Grün
- Violett
- Magenta
- Weiß irisierend
- Schwarz
- Kristallklar
- Glitzer-Diamantblau

Vorlagen

D, A2, H1

Gelbe Orchideen

Kontur

- Gold
- Grün transparent
- Schwarz
- Reinweiß

Farben

- Sonnengelb
- Bernstein
- Magenta
- Kirschrot
- Pink
- Rehbraun
- Maigrün
- Olivgrün
- Violett
- Gold
- Weiß irisierend
- Schneeweiß
- Kristallklar
- Glitzer-Gold
- Glitzer-Orchidee

Vorlagen

E1 – E2

Mobile

Kontur
- Gold
- Schwarz
- Farblos transparent

Farben
- Sonnengelb
- Kirschrot
- Maigrün
- Royalblau
- Schneeweiß
- Fleischfarben
- Kristallklar

Vorlagen
F1 - F5

Blumen-kranz

Kontur

- Gold
- Grün transparent

Farben

- Sonnengelb
- Kirschrot
- Maigrün
- Orange
- Kristallklar

Vorlagen

G1 - G2

Frühlingsband

Kontur

- Schwarz
- Grün transparent

Farben

- Sonnengelb
- Kirschrot
- Rehbraun
- Maigrün
- Olivgrün
- Orange
- Violett
- Glitzer-Diamantblau
- Fleischfarben
- Kristallklar

Vorlagen

H1 – H4

Gärtner-zwerg

Kontur

- Schwarz
- Grün transparent
- Gold

Farben

- Sonnengelb
- Kirschrot
- Orange
- Maigrün
- Grün
- Fleischfarben
- Magenta
- Weiß irisierend
- Mausgrau
- Schneeweiß
- Schwarz
- Royalblau
- Rehbraun
- Kristallklar
- Glitzer-Gold

Vorlagen

J1 – J4

Jugendstil-motive

Kontur

- Schwarz

Farben

- Sonnengelb
- Kirschrot
- Maigrün
- Orange
- Royalblau
- Violett
- Kristallklar

Vorlagen

K1 – K3

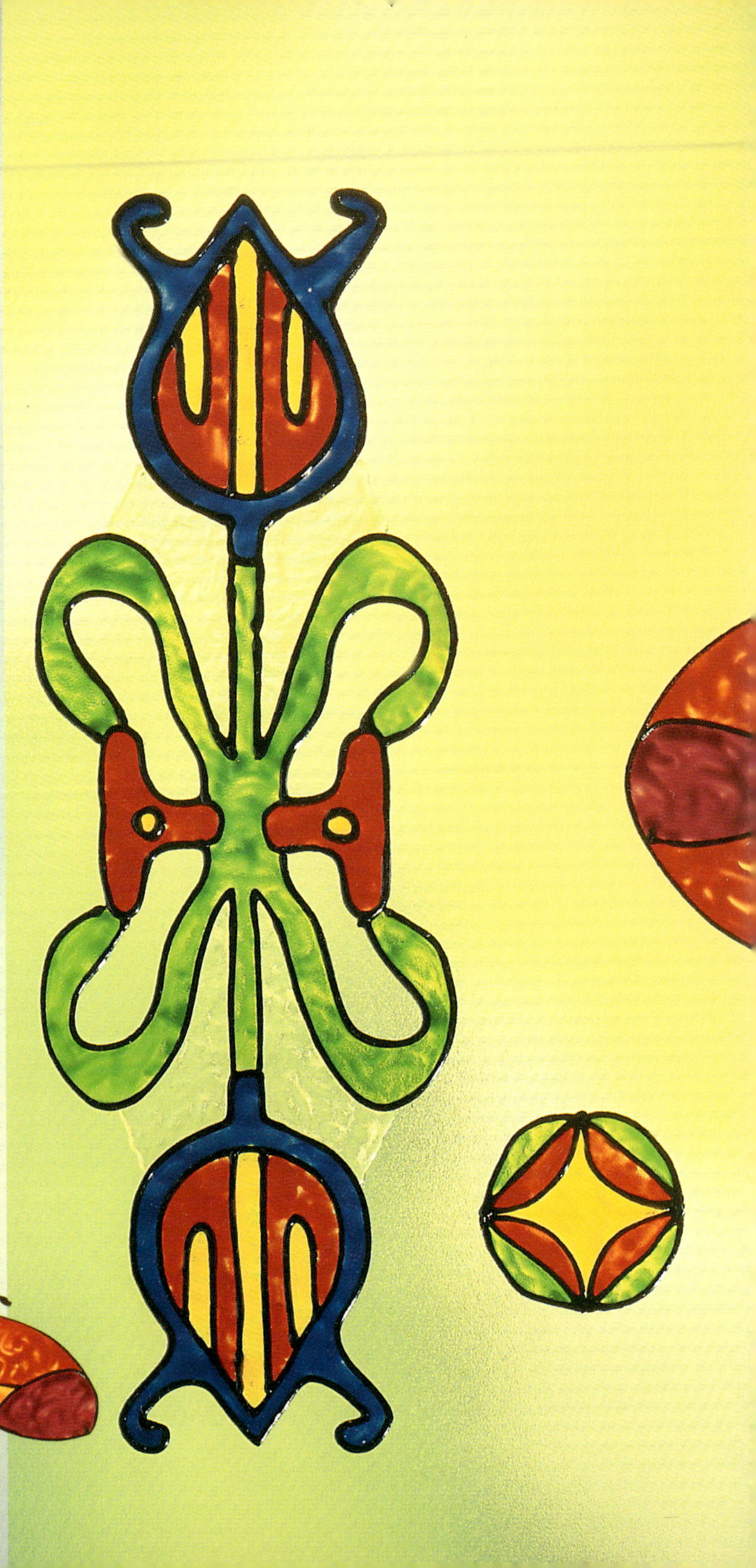

Blumenband

Kontur

- Grün transparent
- Farblos transparent

Farben

- Sonnengelb
- Kirschrot
- Royalblau
- Orange
- Schneeweiß
- Maigrün
- Kristallklar

Vorlagen

L1 – L3

Rote Orchideen

Kontur

- Schwarz
- Grün transparent
- Reinweiß
- Gold

Farben

- Sonnengelb
- Magenta
- Pink
- Kirschrot
- Orange
- Rehbraun
- Maigrün
- Olivgrün
- Schneeweiß
- Royalblau
- Pink
- Gold
- Kristallklar
- Glitzer-Orchidee

Vorlagen

M1 – M2

Blätterecke

Kontur
- Grün transparent
- Farblos transparent
- Gold

Farben
- Maigrün
- Olivgrün
- Moosgrün
- Grün
- Sonnengelb
- Orange
- Magenta
- Weiß irisierend
- Violett
- Schneeweiß
- Kristallklar
- Glitzer-Diamantblau

Vorlagen
N1 - N4, C5

Impressum

ISBN 3-419-56158-X

Textredaktion:
Ursula Brunn-Steiner, Wiesbaden

Styling und Fotos:
Christoph Schmotz, Freiburg

Covergestaltung und Layoutentwurf:
Network!, München

Gesamtproduktion:
smp, Freiburg

Druck:
Freiburger Graphische Betriebe

Wir sind für Sie da, wenn Sie Fragen zu AutorInnen, Anleitungen oder Materialien haben. Und wir interessieren uns für Ihre eigenen Ideen und Anregungen. Faxen, schreiben Sie oder rufen Sie uns an. Wir hören gerne von Ihnen!
Ihr Christophorus-Verlag

Christophorus-Verlag GmbH
Hermann-Herder-Str. 4
79104 Freiburg
Tel.: 0761/ 27 17-0
Fax: 0761/ 27 17-3 52
oder e-mail:
info@christophorus-verlag.de

Aus der Brunnen-Reihe

3-419-56155-5

3-419-56142-3

3-419-56148-2

3-419-56150-4

3-419-56143-1